Vorwort

Es gibt viele Arten des Reisens. Der Autor unternimmt mit seiner Lebenspartnerin eine Busreise von Lübeck ins Salzkammergut .
Busreisen haben den Vorteil , dass man direkt zu den Sehenswürdigkeiten gefahren wird. Als Nachteil kann man eine eingeschränkte Individualität ausmachen.

Aber der Preis ist günstig, 5 Tage mit Halbpension in einem guten Mittelklassehotel für 198,00 Euro. Zwei Tage vergehen für die über 1000 km für die An- und Abreise. Drei Tage wäre man also in Flachau in Österreich, würde man keine Ausflüge buchen.

Wir nutzen die drei Tage , um an allen Reisen teil zu nehmen. Im Paket kosten die drei Reisen 90 Euro.Es sind sehr interessante Ziele,und wir haben mit Horst Reiter aus Flachau in Österreich.einen sehr guten Reiseleiter , der ein unheimlich gutes Wissen hat.

Einige Zweifel hat man schon bei dem günstigen Preis. Jedoch, um es vorweg zu nehmen, alles war perfekt. Fahrerwechsel und Pausen wurden eingehalten , das Hotel und die Reiseleitung durch den Flachauer Horst Reiter war überdurchschnittlich gut. So können wir die Reise genießen.

Inhalt

Herstellung und Verlag:
BoD - Books on Demand, Norderstedt
ISBN 978-3-7322-8210-4

Ein kleiner Fehlstart

Unsere Reise ist vom 07.09.-11.09.2013 gebucht. Wir sollen um 3.15 Uhr in Lübeck vom Busdepot der Firma Berg starten.

Der Fahrer fährt auch den Bus aus der engen Halle. Er muß den Seitenspiegel einklappen. Alles wird automatisch von innen gesteuert. Doch er läßt sich nicht mehr ausklappen.

So können wir ja nicht fahren. Doch der Fahrer weiß Rat. Er demontiert den automatischen Spiegel und wechselt mit meiner Hilfe und eines weiteren Mitreisenden den Spiegel. Meine Rolle ist klein, denn ich halte nur die Trittleiter, der andere Mitreisende den Spiegel. Die Sache hat nur einen Haken. Der Spiegel läßt sich nur von außen einstellen. Doch das Einstellen des Spiegels schaffen wir schließlich auch.

So geht es dann mit 20 Minuten Verspätung los. Wir holen dann noch aus Bad Schwartau und aus Lübeck ZOB die restlichen Reisenden ab.

Um kurz nach 4 Uhr fahren wir dann Richtung Salzkammergut. Schwierig wird es wieder in Hamburg. Dort gibt es seit 40 Jahren Baustellen. Sie werden dort wohl nie fertig. Kurzzeitig müssen wir sogar noch die Autobahn verlassen. Es ist nicht einfach, denn es ist noch dunkel.

Doch schließlich erreichen wir die Raststätte Allertal. Dort wartet schon Hansi, unser neuer Fahrer. Er löst unseren Fahrer ab. Wir verabschieden uns und geben ein kleines Trinkgeld. Später erfahren wir, dass es der Chef war…

Hansi, unser neuer Fahrer setzt die Fahrt fort. Er ist ein sehr humorvoller Mensch und ein sehr sicherer Fahrer. Er hat zur Unterstützung seine Ehefrau Gerlinde mitgebracht. Sie unterstützt den Hansi beim Bordverkauf in den Pausen.

Weiter geht es Richtung Süden.Die Autobahnen werden besser, je weiter südlich man kommt . Alle zwei Stunden machen wir an einer Raststätte Pause. Das kostet jedes Mal 70 Cent , man erhält einen Bon und kann diesen mit 50 Cent bei einem Einkauf im Laden von der Kaufsumme absetzen.

Es ist nicht billig , wenn man nichts kauft. Ich habe habe mir bis Nürnberg eine Fernsehzeitung für einen Euro erpinkelt…

Weiter geht es in Richtung Süden. Wir erreichen die Ausläufer von München und können von der Autobahn die **Allianz Arena** sehen.

Es ist eine reine Fußballarena mit 71.137 Plätzen bei Bundesligaspielen , sowie 66.000 Plätze bei internationalen Spielen. Bei internationalen Spielen dürfen nur Sitzplätze angeboten werden. Das Stadion wurde am 30.5.2005 eingeweiht . Damals waren noch die Vereine Bayern München und 1860 München je zur Hälfte Eigner des Stadions. Inzwischen hat Bayern München den Anteil von 1860 München gekauft und ist alleiniger Eigentümer.

Wir streifen jetzt noch den **Chiemsee**. Es ist der drittgrößte See in Deutschland nach dem Bodensee und dem Müritzsee . Sehr bekannt ist auch das Schloß Herrenchiemsee. Es liegt auf der gleichnamigen Insel , und mit dem Bau wurde von Ludwig II 1878 begonnen nach dem Vorbild von Schloß Versailles.

1886 starb Ludwig II und mysterösen Umständen . Die Bauarbeiten wurden eingestellt und so blieb der Bau unvollendet.

Endlich in Flachau

Gegen 18.15 erreichen wir dann schließlich das im Salz-kammergut gelegene Flachau. **Flachau** hat 2.700 Ein - wohner und ist ein bekannter österreichischer Skiort. Weltcup- und Weltmeisterschaften finden hier statt. Be-kanntester Skiläufer des Ortes ist Hermann Maier, der Weltcupsieger, Weltmeister und Olympiasieger wurde.

das Hotel Accord und Alpin in Flachau

Das Hotel ist sehr gepflegt und sauber .Nach dem Auspacken gibt es noch ein leckeres Abendessen. Müde von den vielen Eindrucken der Reise fallen wir ins Bett .Morgen um 9.00 Uhrbeginnt die erste Etappe der Ausfüge.

Das weiße Rössl ruft

Gut erholt nach einem guten Frühstück beginnen wir diesen Tag. Unsere geplante Route für heute:

Über die   Salzburger Dolomitenstraße geht es zum **Gosausee** über **Hallstatt** und **Bad Ischl** zum **Wolfgangsee**. Das sind ca. 225 Tageskilometer.

Unser Reiseleiter ist pünktlich am Bus . Es ist Horst Reiter aus Flachau. Er ist Jahrgang 1944 und wie er sagt, noch als Deutscher geboren. Österreich gehörte 1944 noch zum unglückseligen Deutschen Reich.

Er erweist sich als Volltreffer. Ich habe solch einen kompetenten, freundlichen ,witzigen und intelligenten Reiseleiter noch nie erlebt, Kompliment auch an diejenigen , die diesen Reiseleiter ausgewählt haben.

der Gosausee

Wir starten also pünktlich um 9.00 aus dem 920 m hoch gelegenen Flachau. Unser erstes Ziel ist der **Gosausee**. Er liegt 931 m hoch und ist 82 m tief und wird durch die Gletscher des **Dachsteins 2995 m** oder **3004 m** hoch, gespeist.
Die unterschiedlichen Höhen ergeben sich durch zwei verschiedene Meßverfahren.

Im sogenannten 3. Reich wurden 3004 m gemessen vom Meeresspiegel von Amsterdam, während die 2995 m vom Meeresspiegel der Adria (Genua) gemessen wurden.

Der Abfluß des Gosausees erfolgt in den Hallstätter See und in den Fluß **Traun**, einem Nebenfluß der Donau. Er ist 157 km lang.

der Gosausee mit Dachstein

Tragödie am Dachstein

Unser Reiseleiter Horst läuft inzwischen zur Hochform auf. Er erzählt uns von einer Tragödie, die sich 1954 ereignet hat:

Der Realschullehrer Hans Georg Seiler , die Lehrerin Doris Vollmer und der Lehrer   Hans Werner Rupp brechen mit 10 Schülern auf, um den Dachstein zu bezwingen.

Es ist schön an diesem Morgen. Doch der Leiter der Bundessportschule Traun warnt: „ Das Wetter kann im April schnell umschlagen." „ Mischen Sie sich nicht in meine Angelegenheiten," entgegnet Lehrer Seiler.

Sie wagen es. Schon während des Anstiegs kommt Regen auf. Sie erreichen die Schönbergalm. Die Wirtin reicht den durchnäßten Schülern Tee. Als sie erfährt, dass die Gruppe weiter gehen will, sagt sie nur: „ Herr Lehrer , das ist Wahnsinn."

Sie gehen weiter. Unterwegs treffen sie 2 Arbeiter, die auf dem Weg ins Tal waren und auf die Gruppe einreden: „ Kehren Sie um. Ein Unwetter kommt." Doch sie hören nicht. Die Arbeiter erhalten keine Antwort. Die   Arbeiter sind die letzten Menschen, die die Gruppe lebend gesehen haben.

Schneestürme behindern die Rettungstrupps. Erst 9 Tage später findet man die ersten Opfer. 43 Tage nach Beginn der Suchaktion wird das letzte Opfer gefunden. An den Fundorten der Leichen werden Fotoapparate gefunden.Sie haben ihren eigenen Todesmarsch aufgenommen…

Arroganz, Verantwortungslosigkeit und Selbstüber-
schätzung haben dieses Unglück verursacht. 10 Schüler im Alter zwischen 14 und 16 Jahren und 3 Lehrer
lassen dafür ihr Leben.

Die Gemeinde Obertraun und Heilbronn gedenken in
der Karwoche immer der Toten und haben durch den
Tod dieser 13 Menschen eine besondere Verbindung.

Es ist still geworden im Buss , und langsam nähert
sich der Buss dem **Hallstätter See**.

der Hallstätter See

Der See ist sehr schön.Er liegt 508 m über dem Meer
und ist an der tiefsten Stelle 125 m tief. Auf dem
Foto kann man in der Ferne Hallstatt sehen. **Hallstatt**
hat knapp 800 Einwohner und liegt an einem Berg.
Die Stadt war im Juni 2013 vom Hochwasser betrof-
fen. Deshalb dürfen wir noch nicht mit dem Bus in
die Stadt fahren.

Hallstatt ist Unesco Welterbe. Den Chinesen gefiel das diese Alpenidylle so gut, dass sie alles vermessen und fotografiert haben. Eine Kopie von Hallstatt steht jetzt in China.

Nach einer Bockwurst am Hallstätter als Mittagessen geht es jetzt weiter nach Bad Ischl.

Bad Ischl und seine Geschichte

Um es vorweg zu nehmen, **Bad Ischl** ist keine besonders schöne Stadt. Aber die Stadt ist sehr geschichtsträchtig, aber immer noch schöner als nahezu jede deutsche Kleinstadt. 14.000 Einwohner leben hier.

die Villa von Franz Lehar in Bad Ischl

Seit 1823 ist Bad Ischl ein Heilbad. Der Komponist **Franz Lehar** (1870-1948) lebte hier. Er ist bekannt geworden u.a. durch die Operetten „Die lustige Witwe" oder „Der Graf von Luxemburg."

Erzherzogin **Sophie** (1805-1872) liebte Bad Ischl
und war sehr oft hier. Erzherzog **Franz Karl** (1802
-1878) und Sophie hatten Schwierigkeiten , Nach-
wuchs zu bekommen.
Sophie besuchte Bad Ischl und bekam ihren Sohn
Franz Joseph. Ein Schelm, wer dabei Böses denkt.
Franz Joseph I (1830-1916) heiratete seine Sissy
(1837 – 1898).
Die Ehe war jedoch nicht so vorbildlich ,wie es in
den Filmen dargestellt wurde. Zahlreiche Affären
beiderseits begleiteten ihr Leben. **Elisabeth** (Sissy)
starb 1898 durch ein Attentat.

Cafe Lehar in Bad Ischl

All diese Persönlichkeiten besuchten oder lebten in
Bad Ischl. Nach einem längeren Aufenthalt geht es
nun nach **St. Wolfgang**.

St. Wolfgang mit Wolfgangsee

St.Wolfgang hat 2900 Einwohner und liegt direkt
am Wolfgangsee. Hausberg ist der Schafberg mit
1783 m Höhe. Eine Zahnradbahn führt dort hinauf.
Bekannt ist auch das „Weiße Rössl.. "
Die Filmaufnahmen zum Film „ Im weißen Rössl
am Wolfgangsee" mit **Peter Alexander** (1926-2011)
und **Waltraut Haas** geb. 1927 fanden größtenteils am
und im Restaurant statt.
Es gibt auch ein Hotel „weißes Rössl" , jedoch in
roter Farbe. Das „schwarze Rössl" ist gegenüber ,
jedoch in weißer Farbe. Es glänzt mit einer Blumenpracht auf den Balkonen.
In St. Wolfgang gibt es eine schöne Kirche. Der Sage
nach soll der heilige Wolfgang eine Axt über seine
Schulter geworfen haben. Dort , wo die Axt landet,
sollte die neue Kirche stehen.

Restaurant Weißes Rössl

12

Hotel Schwarzes Rössl

Hotel weißes Rössl

Wir verlassen jetzt St.Wolfgang und fahren um den
See vorbei an **St.Gilgen** . Bundeskanzler a.D . Dr.
Helmut Kohl verbrachte viele Urlaube hier. Er besaß
hier jedoch kein Eigentum , sondern ließ sich von
reichen Großindustrieellen einladen.
Er war hier in St.Gilgen sehr beliebt und wurde sogar Ehrenbürger der Stadt.

In einem nahegelegenem Kurhotel machte er regel-
mäßig seine Fastenkuren mit mehr oder weniger
großem Erfolg. Das hatte seine Gründe.

Im Kurhotel gab es nur Wasser,Tee und trockene
Semmeln. Das war recht karg. Und so mußte sein
Sekretariat immer nach Empfängen, Einladungen
und Einweihungen telefonieren. Wichtige Voraus-
setzung war, dass es ein üppiges Buffet gab.

Horst, unser Reiseleiter, war erstaunt, wieviel er
doch essen konnte… er konnte sich einmal per-
sönlich davon überzeugen. Auch ein Bundeskanzler ist nur ein Mensch…

Viele Eindrücke nehmen wir von diesem Tag mit:
traumhafte Landschaften, viel Geschichte und
auch viele Geschichten, die unser Reiseleiter Horst
uns erzählen konnte.

Gegen 17.00 Uhr sind wir wieder in Flachau in
unserem Hotel . Morgen , nach dem Frühstücks-
buffet geht es um 9.00 Uhr weiter mit unserem
Reiseleiter Horst. Wir freuen uns darauf.

Dietrich Mateschitz

Heute sind 225 Tageskilometer geplant . Es geht zum
Königsee im Berchtesgadener Land über **Saalfelden**
nach **Mariaalm.**
Das Wetter ist heute nicht so schön, aber es ist immer
noch so gut, dass wir hin und wieder noch Fotos machen können.
So erzählt uns unser Horst über einen großen Österreicher. Es ist **Dietrich Mateschitz** . Er wurde 1944
geboren.

Dieser Herr Mateschitz nahm sich als junger Mann eine
Auszeit und entdeckte in Thailand einen besonderen
Drink. Er kaufte dem Thailänder **Krating Daeng** die Re-
zeptur ab. Der Gewinn aus der Produktion sollte geteilt
werden. 1984 gründete er die Red Bull GmbH.

1987 wurde der Energy-Drink Red Bull im Markt ein-
geführt. Das Getränk erlebte einen enormen Siegeszug.
Heute wird das Vermögen des Herrn Mateschitz auf
5,3 Milliarden Dollar geschätzt. Über 8000 Mitarbeiter
arbeiten im Unternehmen, dessen Firmensitz in Fuschl
ist.

Das Unternehmen ist an zahlreichen Sportvereinen im
In- und Ausland beteiligt, u.a. in der Formel 1 , Fußball
und Eishockey , und dem Extremsportler Felix Baum –
gartner .Auch der Fußballer Neymar wird gesponsert.

Die Fußballvereine RB Salzburg und RB Leipzig werden ebenfalls gesponsert. Red Bull Salzburg darf den
Namen von Red Bull führen. RB Leipzig darf das
nicht. Laut DFB – Statuten darf im Vereinsnamen
keine Produktwerbung gemacht werden. Nun heißt der
Verein Rasenballsportverein Leipzig.
Allerdings gibt es auch Bayer Leverkusen. Da drückt
der DFB wohl beide Augen zu…

Kapelle an der Pass Lueg Höhe bei Golling

Wir erreichen jetzt den **Lueg-Pass**. Es ist ein Talpass in 552 m Höhe. Durch dieses klammartige Tal fließt die Salzach.Auf der Anhöhe des Passes gibt es einen Gasthof und eine kleine Kapelle.
Seitlich der Kapelle fließt ein kleines Rinnsal, dessen Wasser angeblich gut für die Augen ist. Ich fülle eine kleine Selterflasche mit dem Augenwasser und führe das Wasser an die Augen.

Eine Wirkung kann ich jedoch (noch nicht?) feststellen.

der Gasthof am Lueg-Pass.

Berchtesgaden und Königsee

Weiter geht es jetzt in Richtung **Berchtesgaden** , um den legendären Königsee zu sehen.

18

Wir fahren über eine kleine Alpenstraße Richtung
Berchtesgaden und kommen am **Obersalzberg**
raus. Von Berchtesgaden aus führt eine Seilbahn
hinauf zum Obersalzberg, jedoch auch eine kur –
venreiche Straße mit starker Steigung.
Der Obersalzberg ist sehr geschichtsträchtig. Hier
hatte der größte Tyrann des vergangenen Jahrhun-
derts, **Adolf Hitler,** seinen Berghof. Auch die Nazi-
größen Martin Bormann, Hermann Göring und
Albert Speer hatten hier ihre Häuser, die sich um
den Berghof hof scharrten. Viele Staatsempfänge
fanden am Obersalzberg statt. Der Obersalzberg
war im Dritten Reich „Führersperrgebiet. "

Die Grundstücke wurden nach 1933 von den Par-
teigrößen gekauft , zum Teil durch Druck und
mit geringeren Entschädigungen .Nur der Gasthof
Türken wurde an den Besitzer zurückgegeben.
1976 konnte ich dort noch einen kleinen Teil der
unterirdischen Gänge besichtigen. Es lohnte sich
nicht. Außer Fußtritten an den Wänden durch die
Amerikaner war dort nichts zu sehen. Über 6 km
lang war das unterirdische Gangsystem. Der Berghof wurde 1952 gesprengt.

Zum 50.Geburtstag von Adolf Hitler ließ Martin
Bormann am **Kehlstein 1834 m** ein Teehaus er –
richten. Hier hat man einen wunderbaren Rundum
blick auf die Bergwelt. Nur Adolf Hitler war nicht
oft hier, obwohl eine gute Straße hinauf führt. Er
hatte Höhenangst…

Wir erreichen nach einer kleinen Abfahrt mit dem
Bus vom **Obersalzberg 1020 m Berchtesgaden
530 m .** Unser Fahrer, der gute Hansi, hat keine
Schwierigkeiten, unseren Bus sicher zu fahren.

19

Aus Zeitgründen lassen wir Berchtesgaden rechts
liegen. Reiseleiter Horst erzählt uns, dass der Bahnhof von Berchtesgaden 1938 erbaut wurde und etwas überdimensioniert ist.
Hitler wollte einen großen Bahnhof, wenn er zum
Obersalzberg fährt. Berchtesgaden hat 7700 Ein –
Wohner. 1933 , bei den letzten freien Wahlen stell-
te die NSDAP den ersten und den 2 Bügermeister..

Die Tradition , regierungstreu oder konservativ zu
wählen , hat man sich erhalten und wählt jetzt CSU.
Andere Parteien haben keine Chance, egal was ge-
schieht... jetzt und für immer ? Demokratie geht anders.

der Ganghofer Weg

Wir erreichen jetzt Königsee am **Königsee.** Gleich vom
Busparkplatz geht der Ludwig-Ganghofer-Weg zum Königsee. **Ludwig Ganghofer** lebte von 1855 – 1920. Er wurde bekannt durch viele Heimatromane.Viele Stücke werden
auch nach seiner Romanvorlage im Bauerntheater gespielt.

Nach 15 Minuten Fußweg erreichen wir den Königsee. Er ist 7,2 km lang und hat eine Tiefe von max.
190 m .Der See liegt 603 m über dem Meeresspiegel.
An der Westseite des Sees, die begrenzt wird durch die
1000 m aufsteigende **Watzmann-Ostwand** liegt die
Kapelle **St. Bartholomä** . Sie wurde um 1700 erbaut.

Wir machen einen weiteren Spaziergang von 20 Minuten zum **Malerwinkel** . Man hat hier einen herrlichen
Blick auf den fjordartigen Königsee. Hinter dem Königsee gibt es noch den **Obersee** mit 1.3 km. Länge.
Hier sind weniger Touristen und eine idyllische Alm
am Ende des Sees.

der Königsee vom Malerwinkel

Auf dem **Königsee** ereignete sich 1964 ein Unfall. Der
See war im Winter zugefroren. Ein Mann fuhr mit sei –
nem VW-Käfer auf den See und brach ein. In etwa 100
Meter Tiefe fanden Tauchroboter den VW und ein paar
Meter weiter die Leiche des Mannes. Der See wird bei-
des für immer behalten, denn die Bergung wäre zu teuer.

Auf jeden Fall ist das Berchtesgadener Land mit dem Königsee eine Reise wert.

Sehr bekannt ist die Bob-und Rodelbahn in Königsee. Königsee bewirbt sich zusammen mit München und Garmisch-Partenkirxhen für die Olympischen Winter-spiele 2022.

der Rückweg vom Malerwinkel

Saalfelden , Maria Alm und Walter Scheel

Wir erreichen jetzt Saalfelden. Hier lebt etwas außerhalb
auf einem Berg ein Einsiedler. Er kommt selten in den
Ort, und wenn , dann nur zum Ausnüchtern, wenn Wan-
derer wieder einmal Schnaps mitgebracht haben und er
zuviel getrunken hat..

Saalfelden liegt ca. 15 km nördlich von Zell am See. und hat ca. 15.000 Einwohner. Auf einem Feld kann man Strohfiguren bewundern. Ich glaube, in Deutschland würden diese Figuren keine 24 Stunden stehen, dann wären sie geklaut und würden sich in irgendeinem Vor-oder Hintergarten wieder finden.

Strohfiguren bei Saalfelden

Weiter geht es nach **Maria Alm.** Horst erzählt uns auf dem Weg dorthin, dass es einen Friedhof bei der Kirche gibt, wo man ausschließlich geschmiedete Grabkreuze findet, oft mit dem Bild des Verstorbenen . Diese Kreuze kosten zwischcn 6.000 und 15.000 Euro. Man ehrt die Toten in Österreich besonders. Es würde niemanden einfallen, einen Toten anonym zu beerdigen. Wer was wagen würde, der hätte in der Dorfgemeinschaft verspielt.

24

Maria Alm 802m ist zwar nur ein Ort von ca. 2000 Einwohnern, hat eine Pfarrkirche mit 86 m Höhe und zeigt uns Reize, die nicht nur uns gefallen haben, sondern auch unserem Altbundespräsidenten **Walter Scheel (1919 -).**

die Blumenpracht in Maria Alm

Viele Prominente haben hier entweder ein Haus als Zweitwohnsitz gemietet oder gekauft. Walter Scheel hatte seinen Wohnsitz in Hinterthal seit Anfang der 1960er Jahre. Er ist Ehrenbürger von Maria Alm . Hier trauerte er um seine verstorbenen Ehefrauen Mildred und Eva. Eva heiratete er in der Pfarrkirche. Seit 2000 lebt er wieder in Deutschland, in Berlin.
Es sollen noch zahlreiche Prominente hier leben oder Urlaub machen. Es besteht aber ein stillschweigendes Abkommen zwischen Einheimischen und Promis, dass nichts verraten wird.

die Pfarrkirche von Maria Alm

Die Pfarrkirche ist sehr reizvoll. Weniger reizvoll ist
das Beinhaus, das rechts von der Kirche liegt. Dort
befinden sich die Gebeine und Totenköpfe aus den
aufgelösten Gräbern. Ich habe darauf verzichtet, hier-
von Aufnahmen zu machen.

der Altar der Pfarrkiche

Hier heiratete Walter Scheel seine zweite Frau..

der Altar

der Friedhof der Pfarrkirche

Es geht jetzt wieder zurück nach Flachau. Uns fällt ein mitreisendes Ehepaar auf. Sie gehen immer Hand in Hand. Sie sind alt, sehr alt. Beide sind über 90 Jahre alt. Sie helfen sich immer gegenseitig… einfach schön. Sie genießen es, und sie haben Freude an dieser Reise.

Es beweist eigentlich auch, dass man die 14 Stunden Busfahrt, bei entsprechenden Pausen , gut verkraften kann.

Der Bauernherbst – ein Angebot

Horst erzählt uns immer , wie gut es den Deutschen (er sieht das pausenlos im deutschen Fernsehen) geht und wie arm doch Österreich ist. Morgen will er das erklären.

Zell am See

Heute ist die dritte und letzte Etappe.Geplant ist eine Panoramafahrt mit Zell am See – dem Kaisergebirge-Kitzbühel – Going und zurück. Das sind 250 Tageskilometer.

Horst ist wieder unser Reiseleiter. Das ist natürlich wieder perfekt, denn er erzählt uns , dass Österreich keine Kernkraftwerke besitzt und heute auch keinen Atomstrom importiert.
Die Wasserkraft wird als die Hauptenergiequelle genutzt. Trotzdem kostet der Strom in Östereich nur zwei Drittel des deutschen Stroms. Hier wird die Gier der deutschen Stromversorger entlarvt.
Der Strom in Deutschland ist der teuerste der Welt. Das liegt nicht an dem geplanten Atomausstieg.

Wir kommen an den Villen der Familien **Piech** und **Porsche** vorbei. Die Villen liegen nicht weit auseinander und etwas außerhalb von Zell am See.
Piech (1937 -) ist ein österreichischer Kaufmann, der bei Porsche Großaktionär ist und gleichzeitig Vorsitzender des Aufsichtsrates bei VW.

Ferdinand Porsche 1875-1951 gilt als Vater des VW-Käfers.

die Pfarrkirche von Zell am See

Wir erreichen jetzt **Zell am See.** Die Stadt hat knapp
10.000 Einwohner. Es ist eine sehr schöne Stadt, am
See gelegen, eingerahmt von Bergen.
Dass die Bahnlinie direkt an der Promenade entlang
führt, stört hier wenig. Es ist anders auch nicht mach-
bar. Wir haben heute schönes Wetter , und so zeigt
sich Zell am See in seinem Glanz.

31

Zell am See mit Ausflugsschiff

Zell am See

Wolken in den Bergen bei Zell am See

die Bahn bei Zell am See

Kitzbühel

Wir verlassen jetzt Zell am See und fahren in Richtung **Kitzbühel.** Es ist die Geburtsstadt der Skiläufer **Toni Sailer** und **Hansi Hinterseer,** die ja auch als Schau-spieler und Sänger bekannt sind.

Auch zahlreiche Promis haben sich hier niedergelassen. Und so fängt Horst zu erzählen an: Kitzbühel hatte auch einen Kaiser. Er wohnte etwas außer-halb von Kitzbühel . Es war die Fußballgröße **Franz Beckenbauer.** Er kaufte seine Villa für rund 680.000 Euro.

Inzwischen war es Ausländern nur noch möglich , bei Kitzbühel , Going und einigen Randgemeinden Eigen-tum zu erwerben. Alles drängte dorthin, so auch reiche Russen.

Sie wollten unbedingt die Villa von Kaiser Franz haben. Schließlich boten Sie das Zehnfache an. Da konnte selbst Franz Beckenbauer nicht nein sagen. Er ver-kaufte seine Villa .

Er zog nach Salzburg, angeblich um dort bessere Mög-lichkeiten für die Kinder und kulturell zu haben. Ein Schelm war er ja schon immer, aber gerade deshalb mögen die Deutschen ihren Kaiser.

Auch die Schauspielerin **Uschi Glas** , die ja pleite war, lebt hier nach ihrer Scheidung in einem Appartement oberhalb einer Pension. Sie hat inzwischen wieder einen neuen Lebenspartner.

34

Nun, das soll es dann auch sein mit dem Promis.
Lassen wir sie in Ruhe leben.

Wir erreichen Kitzbühel und hören auf unseren
Horst, der bei dieser Witterung eine Seibahnfahrt
auf den **Hahnenkamm** vorschlägt.

 Kitzbühel mit seinen 8000 Einwohnern sei im Grunde
keine besonders interessante Stadt. Und so fahren wir
für 15 Euro pro Person mit der Seilbahn.

Von der Talstation in 786 m Höhe geht es auf 1662 m
zur Bergstation. Die 876 Meter Höhenunterschied werden in 8 Minuten gemeistert. 98 Gondeln gibt es.

 Jede Gondel trägt den Namen eines Skiläufers, der
das Hahnenkammrennen schon einmal gewonnen hat.

2414 m lang ist das Seil. 6 Personen haben in einer
Gondel Platz. Wir sind überwältigt von der herrlichen
Aussicht. Oben gibt es ein Restaurant mit fast normalen
Preisen und ein Museum.

Impressionen einer Seibahnfahrt.

Die Seilbahnfahrt erweist sich als Volltreffer. Wir haben
Eine wunderschöne Aussicht, die nicht so oft vorkommt.
Oft sind die Berggipfel mit Wolken verhüllt.

Ein wirklich herrlicher Ausblick

Wir genießen den Ausblick auf die Gipfel, dem
Gr. Wiesbachhorn (3564 m), Kitzsteinhorn (3204 m),
Großglocker 3798 m (höchster Berg Österreichs).

Nach einem Essen oben im Restaurant geht es abwärts
nach Kitzbühel . Von dort aus fahren wir weiter in
Richtung **Going**.

Horst erzählt uns, dass in diesem Ort Wunder geschehen,
medizinische Wunder. Gelähmte können wieder gehen,
Schwerkranke werden schnell wieder gesund.
In Going wird die Fernsehserie "der Bergdoktor" gedreht.

Bekannt ist auch das **Hotel Stanglwirt.** Hier bereiten
sich die Klitschko-Brüder Vladimir und Vitali auf ihre
schweren Boxkämpfe vor. Seit 7 Jahren machen sie das
dort mit guten Ergebnissen, wie die Gegner immer wieder schmerzlich spüren können… Zur Zeit sind beide
gemeinsam da.

Wir machen jetzt noch einen kleinen Zwischenstopp
am Nationalpark Hohe Tauern. Das Wetter macht
uns einen kleinen Strich durch die Rechnung. Die
Sicht ist nur mittelmäßig .

Jetzt geht es zurück nach Flachau. Wir lassen uns am
Ortseingang abstzen , um noch eine paar letzte Fotos zu
machen.

Vom Orteingang bis ins Hotel sind es noch ungefähr
2,5 km. Es ist ein willkommener Spaziergang nach
der Busfahrt.

Letzter Abend in Flachau

Am Orteingang auf der Kreisverkehrinsel stehen auch Strohfiguren, ähnlich wie vor Saalfelden. Es ist schon beeindruckend.

Strohfiguren in Flachau

Auf dem Rückweg machen wir noch eine Aufnahme von
dem Haus, das uns wegen des Blumenschmucks besonders gefiel.

Diesen Blumenschmuck lassen sich die Österreicher
etwas kosten. So sagt Horst uns, dass seine Frau für
den Blumenschmuck dieses Jahr 250 Euro ausgegeben
hat.

Armes Österreich

Ein besonderer Dank geht an Horst , unserem Reiseleiter Horst, der mit seinem Wissen verblüffte. Auch
Hansi , unser Teufelsdriver hat uns sicher über so
manchen Pass gefahren.

Doch jetzt erläutert Horst, weshalb Österreich ein
„armes Land" ist:
Das Lohnniveau entspricht ungefähr dem von Baden-
Württemberg, aber j e d e r hat einen   einklagbaren
Anspruch auf 2 zusätzliche Gehälter zu den 12 Monats-
Gehältern. Gezahlt werden diese im Juni und bis
spätestens 12.12. eines Jahres. Das Gute daran ist, dass
diese Gehälter steuerfrei, jedoch sozialversicherungs
pflichtig sind. –Besser als in Deutschland-

Auch die Rentner, die ins Österreich Pensionäre ge-
nannt werden , erhalten 14 Gehälter. Diese sind je –
doch sozialversichrungpflichtig und müssen versteuert
werden. - Besser als in Deutschland-

Die Renten entsprechen etwa 70-80 % des Einkommens,
je nach Renteneintrittsalter . Frauen gehen mit 60 Jahren,
Männer mit 65 Jahren in Pension. Wer 40 Jahre gearbeitet
oder Ersatzzeiten hat, kann 5 Jahre früher in Rente gehen
Wer studiert hat, bei dem zählen die Zeiten ab dem 15.
Lebensjahr. – Besser als in Deutschland-.
Kindergartenplätzesind frei , und ab dem 5.Lebenjahr
Pflicht. – Besser als in Deutschland –
Schulbücher sind frei. Die Schüler dürfen die Bücher
behalten. Dadurch sind die Schüler von der Literatur
her immer auf den neuesten Stand und müssen sich
nicht mit zerfetzten und verschmierten Büchern her-

42

umplagen. Sogar Schulhefte sind frei. – Besser als in
Deutschland-

Die proportinale Verschuldung Österreichs liegt 8 %
unter der Deutschlands.
Österreich hat keine nennenswerte Arbeitslosigkeit…

Wenn man allein diese Punkt sieht, dann ist nicht
Österreich ein armes Land , sondern Deutschland.
Deutschland ist gemessen an Österreich asozial.

Die weitgehend rechts orientierte und gleichgeschal-
tete Presse würde bei diesen Sozialleistungen auf
Intervention der „Wirtschaftsvertreter" in Deutschland
sofort aufschreien und den Untergang ankündigen.

Es geht auch anders, viel besser… Auch Östereich war
nach dem Krieg in Besatzungszonen aufgeteilt . (bis
1955) Man hat sich für die Neutralität entschieden und
ist gut damit gefahren.

Zusammenfassend kann man sagen, dass Horst uns
Österreich etwas näher gebracht hat. Ich bin erstaunt,
welche Sozialleistungen Österreich aufbringt. Es kommt
auch zurück und ermöglicht einen wesentlich höheren
Lebensstandard als er in Deutschland ist.

Übrigens, auch Benzin ist dort ca. 20 Cent billiger…

Der Fremdenverkehr macht nur 13% der Wirtschafts-
leistung aus. Das Geld wird in der Zeit von Mitte
Dezember bis Ostern hauptsächlich verdient.

Das Ende der Reise

Nach dem Frühstück starten wir um 6.45 Uhr die
lange Rückreise mit unserem Busfahrer Hansi ,
der uns sicher nach Hause bringt, d.h. er wird
hinter Berlin abgelöst . Das Wetter ist nicht so
schön .Diesmal fahren wir auf Grund von Stau-
meldungen die Berliner Strecke und nicht über
Kassel. Die Strecke ist nur 12 km länger,
hat aber weniger Baustellen.

Eine schöne, informative Reise geht zu Ende. Es
ist uns sehr viel geboten worden. Die Reise hätte
vielleicht einen Tag länger sein können mit einem
Ausflug nach Salzburg.

Hotel, Bus, Busfahrer Hansi und unser Reise-
führer Horst, der uns 3 Tage begleitete hat, alles
war perfekt.